PASCAL

DISCOURS SUR LES PASSIONS DE L'AMOUR

suivi

D'OPUSCULES CHOISIS

PARIS
SOCIÉTÉ LITTÉRAIRE DE FRANCE
10, rue de l'Odéon, 10

MCMXX

DISCOURS
SUR LES PASSIONS
DE L'AMOUR

suivi

D'OPUSCULES CHOISIS

PASCAL

DISCOURS
SUR LES PASSIONS
DE L'AMOUR

suivi

D'OPUSCULES CHOISIS

PARIS
SOCIÉTÉ LITTÉRAIRE DE FRANCE
10, rue de l'Odéon, 10

M.CM.XX

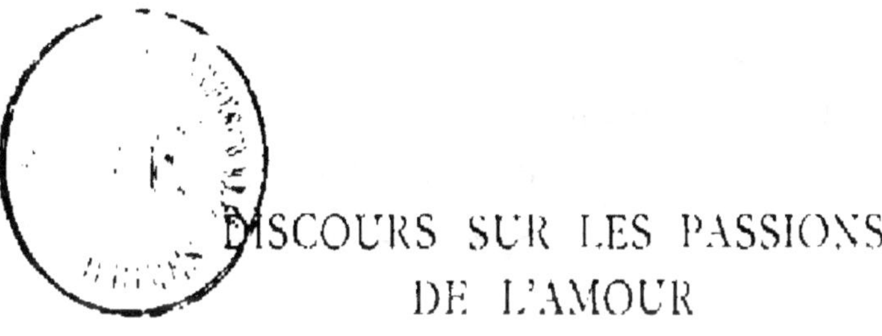

DISCOURS SUR LES PASSIONS
DE L'AMOUR

L'homme est né pour penser ; aussi n'est-il
pas un moment sans le faire ; mais les pensées pures, qui le rendraient heureux s'il
pouvait toujours les soutenir, le fatiguent et
l'abattent. C'est une vie unie à laquelle il ne
peut s'accommoder ; il lui faut du remue-
ment et de l'action, c'est-à-dire qu'il est ne-
cessaire qu'il soit quelquefois agité des passions, dont il sent dans son cœur des sources
si vives et si profondes.

Les passions qui sont le plus convenables à l'homme, et qui en renferment beaucoup d'autres, sont l'amour et l'ambition : elles n'ont guère de liaison ensemble. Cependant on les allie assez souvent; mais elles s'affaiblissent l'une l'autre réciproquement, pour ne pas dire qu'elles se ruinent.

Quelque étendue d'esprit que l'on ait, l'on n'est capable que d'une grande passion; c'est pourquoi, quand l'amour et l'ambition se rencontrent ensemble, elles ne sont grandes que de la moitié de ce qu'elles seraient s'il n'y avait que l'une ou l'autre. L'âge ne détermine point ni le commencement, ni la fin de ces deux passions; elles naissent dès les premières années, et elles subsistent bien souvent jusques au tombeau. Néanmoins, comme elles demandent beaucoup de feu, les jeunes gens y sont plus propres, et il semble qu'elles se ralentissent avec les années ; cela est pourtant fort rare.

La vie de l'homme est misérablement courte. On la compte depuis la première entrée au monde ; pour moi, je ne voudrais la compter que depuis la naissance de la raison, et depuis que l'on commence à être ébranlé par la raison, ce qui n'arrive pas ordinairement avant vingt ans. Devant ce terme l'on est enfant ; et un enfant n'est pas un homme.

Qu'une vie est heureuse quand elle commence par l'amour et qu'elle finit par l'ambition ! Si j'avais à en choisir une, je prendrais celle-là. Tant que l'on a du feu, l'on est aimable ; mais ce feu s'éteint, il se perd : alors, que la place est belle et grande pour l'ambition ! La vie tumultueuse est agréable aux grands esprits, mais ceux qui sont médiocres n'y ont aucun plaisir; ils sont machines partout. C'est pourquoi, l'amour et l'ambition commençant et finissant la vie, on est dans l'état le plus heureux dont la nature humaine est capable.

A mesure que l'on a plus d'esprit, les passions sont plus grandes, parce que les passions n'étant que des sentiments et des pensées, qui appartiennent purement à l'esprit, quoiqu'elles soient occasionnées par le corps, il est visible qu'elles ne sont plus que l'esprit même, et qu'ainsi elles remplissent toute sa capacité. Je ne parle que des passions de feu, car pour les autres, elles se mêlent souvent ensemble, et causent une confusion très incommode; mais ce n'est jamais dans ceux qui ont de l'esprit.

Dans une grande âme tout est grand.

L'on demande s'il faut aimer. Cela ne se

doit pas demander : on le doit sentir. L'on ne délibère point là-dessus, l'on y est porté, et l'on a le plaisir de se tromper quand on consulte.

La netteté d'esprit cause aussi la netteté de la passion ; c'est pourquoi un esprit grand et net aime avec ardeur, et il voit distinctement ce qu'il aime.

Il y a de deux sortes d'esprits, l'un géométrique, et l'autre que l'on peut appeler de finesse.

Le premier a des vues lentes, dures et inflexibles ; mais le dernier a une souplesse de pensée qui l'applique en même temps aux diverses parties aimables de ce qu'il aime. Des yeux il va jusques au cœur, et par le mouvement du dehors il connaît ce qui se passe au dedans.

Quand on a l'un et l'autre esprit tout

ensemble, que l'amour donne de plaisir! Car l'on possède à la fois la force et la flexibilité de l'esprit, qui est très nécessaire pour l'éloquence de deux personnes.

Nous naissons avec un caractère d'amour dans nos cœurs, qui se développe à mesure que l'esprit se perfectionne, et qui nous porte à aimer ce qui nous parait beau sans que l'on nous ait jamais dit ce que c'est. Qui doute après cela si nous sommes au monde pour autre chose que pour aimer? En effet, l'on a beau se cacher à soi-même, l'on aime toujours. Dans les choses mêmes où il semble que l'on ait séparé l'amour, il s'y trouve secrètement et en cachette ; et il n'est pas possible que l'homme puisse vivre un moment sans cela.

L'homme n'aime pas demeurer avec soi ; cependant il aime : il faut donc qu'il cherche

ailleurs de quoi aimer. Il ne le peut trouver
que dans la beauté; mais comme il est lui-
même la plus belle créature que Dieu ait
jamais formée, il faut qu'il trouve dans soi-
même le modèle de cette beauté qu'il
cherche au dehors. Chacun peut en remarquer en soi-même les premiers rayons ; et
selon que l'on s'aperçoit que ce qui est au
dehors y convient ou s'en éloigne, on se
forme les idées de beau ou de laid sur
toutes choses. Cependant, quoique l'homme
cherche de quoi remplir le grand vide qu'il
a fait en sortant de soi-même, néanmoins
il ne peut pas se satisfaire pour toutes sortes
d'objets. Il a le cœur trop vaste ; il faut au
moins que ce soit quelque chose qui lui
ressemble, et qui en approche le plus près.
C'est pourquoi la beauté qui peut contenter
l'homme consiste non seulement dans la con-

venance, mais aussi dans la ressemblance : elle la restreint et elle l'enferme dans la différence du sexe.

La nature a si bien imprimé cette vérité dans nos âmes, que nous trouvons cela tout disposé ; il ne faut point d'art ni d'étude ; il semble même que nous ayons une place à remplir dans nos cœurs et qui se remplit effectivement. Mais on le sent mieux qu'on ne peut le dire. Il n'y a que ceux qui savent brouiller et mépriser leurs idées qui ne le voient pas.

Quoique cette idée générale de la beauté soit gravée dans le fond de nos âmes avec des caractères ineffaçables, elle ne laisse pas que de recevoir de très grandes différences dans l'application particulière ; mais c'est seulement pour la manière d'envisager ce qui plaît. Car l'on ne souhaite pas nuement une beauté; mais l'on y désire mille circonstances qui dépendent de la disposition où l'on se trouve; et c'est en ce sens que l'on peut dire que chacun a l'original de sa beauté, dont il cherche la copie dans le grand monde. Néanmoins les femmes déterminent souvent cet original; comme elles ont un empire absolu sur l'esprit des hommes, elles y dépeignent ou les parties des beautés qu'elles ont, ou celles qu'elles estiment, et elles ajoutent par ce moyen ce qui leur plaît à cette beauté radicale. C'est pourquoi il y a un siècle pour les blondes, un autre pour les brunes; et le partage qu'il y a entre les femmes sur l'estime des unes ou des autres fait aussi le partage entre les hommes dans un même temps sur les unes et les autres.

La mode même et les pays règlent souvent ce que l'on appelle beauté. C'est une chose étrange que la coutume se mêle si fort de nos passions. Cela n'empêche pas que chacun n'ait son idée de beauté sur laquelle il juge des autres, et à laquelle il les rapporte ; c'est sur ce principe qu'un amant trouve sa maîtresse plus belle, et qu'il la propose comme exemple.

La beauté est partagée en mille différentes manières. Le sujet le plus propre pour la soutenir, c'est une femme : quand elle a de l'esprit, elle l'anime et le relève merveilleusement.

Si une femme veut plaire, et qu'elle possède les avantages de la beauté, ou du moins une partie, elle y réussira ; et même si les hommes y prenaient tant soit peu garde, quoiqu'elle n'y tâchât point, elle s'en ferait aimer. Il y a une place d'attente dans leur cœur, elle s'y logerait.

L'homme est né pour le plaisir : il le sent, il n'en faut point d'autre preuve. Il suit donc sa raison en se donnant au plaisir. Mais bien souvent il sent la passion dans son cœur sans savoir par où elle a commencé.

Un plaisir vrai ou faux peut remplir également l'esprit ; car qu'importe que ce plaisir soit faux, pourvu que l'on soit persuadé qu'il est vrai ?

A force de parler d'amour, l'on devient amoureux ; il n'y a rien si aisé, c'est la passion la plus naturelle à l'homme.

L'amour n'a point d'âge ; il est toujours naissant. Les poètes nous l'ont dit ; c'est pour cela qu'ils nous le représentent comme un enfant. Mais sans rien leur demander, nous le sentons.

L'amour donne de l'esprit, et il se soutient par l'esprit. Il faut de l'adresse pour aimer. L'on épuise tous les jours les manières de plaire ; cependant il faut plaire, et l'on plait.

Nous avons une source d'amour-propre qui nous représente à nous-mêmes comme pouvant remplir plusieurs places au dehors ; c'est ce qui est cause que nous sommes bien aises d'être aimés. Comme on le souhaite avec ardeur, on le remarque bien vite, et on le reconnait dans les yeux de la personne qui aime ; car les yeux sont les interprètes du cœur, mais il n'y a que celui qui y a intérêt qui entend leur langage.

L'homme seul est quelque chose d'imparfait ; il faut qu'il trouve un second pour être heureux. Il le cherche le plus souvent dans l'égalité de la condition, à cause que la liberté et que l'occasion de se manifester s'y rencontrent plus aisément. Néanmoins l'on va quelquefois bien au-dessus, et l'on sent le feu s'agrandir, quoique l'on n'ose pas le dire à celle qui l'a causé.

Quand l'on aime une dame sans égalité de condition, l'ambition peut accompagner le commencement de l'amour ; mais en peu de temps il devient le maître. C'est un tyran qui ne souffre point de compagnon ; il veut être seul ; il faut que toutes les passions ployent et lui obéissent.

Une haute amitié remplit bien mieux qu'une commune et égale : le cœur de l'homme est grand, les petites choses flottent dans sa capacité ; il n'y a que les grandes qui s'y arrêtent et qui y demeurent.

L'on écrit souvent des choses que l'on ne prouve qu'en obligeant tout le monde à faire réflexion sur soi-même, et à trouver la vérité dont on parle. C'est en cela que consiste la force des preuves de ce que je dis.

Quand un homme est délicat en quelque endroit de son esprit, il l'est en amour. Car comme il doit être ébranlé par quelque objet qui est hors de lui, s'il y a quelque chose qui répugne à ses idées, il s'en aperçoit, et il le fuit. La règle de cette délicatesse dépend d'une raison pure, noble et sublime. Ainsi l'on se peut croire délicat, sans qu'on le soit effectivement, et les autres ont droit de nous condamner, au lieu que pour la beauté chacun a sa règle souveraine et indépendante de celle des autres. Néanmoins entre être délicat et ne l'être point du tout, il faut demeurer d'accord que, quand on souhaite d'être délicat, l'on n'est pas loin de l'être absolument. Les femmes aiment à apercevoir une délicatesse dans les hommes; et c'est, ce me semble, l'endroit le plus tendre pour les gagner : l'on est aise de voir que mille autres sont méprisables, et qu'il n'y a que nous d'estimables.

Les qualités d'esprit ne s'acquièrent point par l'habitude, on les perfectionne seulement; de là, il est aisé de voir que la délicatesse est un don de nature, et non pas une acquisition de l'art.

A mesure que l'on a plus d'esprit, l'on trouve plus de beautés originales; mais il ne faut pas être amoureux, car quand l'on aime l'on n'en trouve qu'une.

Ne semble-t-il pas qu'autant de fois qu'une femme sort d'elle-même pour se caractériser dans le cœur des autres, elle fait une place vide pour les autres dans le sien ? Cependant j'en connais qui disent que cela n'est pas vrai. Oserait-on appeler cela injustice ? Il est naturel de rendre autant que l'on a pris.

L'attachement à une même pensée fatigue et ruine l'esprit de l'homme. C'est pourquoi, pour la solidité et la durée du plaisir de l'amour, il faut quelquefois ne pas savoir que l'on aime ; et ce n'est pas commettre une infidélité, car l'on n'en aime pas d'autre ; c'est reprendre des forces pour mieux aimer. Cela se fait sans que l'on y pense ; l'esprit s'y porte de soi-même ; la nature le veut ; elle le commande. Il faut pourtant avouer que c'est une misérable suite de la nature humaine, et que l'on serait plus heureux si l'on n'était point obligé de changer de pensée ; mais il n'y a point de remède.

Le plaisir d'aimer sans l'oser dire a ses épines ; mais aussi il a ses douceurs. Dans quel transport n'est-on point de former toutes ses actions dans la vue de plaire à une personne que l'on estime infiniment ? L'on s'é-

tudie tous les jours pour trouver les moyens
de se découvrir, et l'on y emploie autant
de temps que si l'on devait entretenir celle
que l'on aime. Les yeux s'allument et s'é-
teignent dans un même moment; et quoique l'on ne voie pas manifestement que celle
qui cause tout ce désordre y prenne garde,
l'on a néanmoins la satisfaction de sentir
tous ces remuements pour une personne qui
le mérite si bien. L'on voudrait avoir cent
langues pour se faire connaitre; car comme
l'on ne peut pas se servir de la parole, l'on
est obligé de se réduire à l'éloquence d'action.

Jusque-là on a toujours de la joie, et
l'on est dans une assez grande occupation.
Ainsi l'on est heureux; car le secret d'entretenir toujours une passion, c'est de ne
pas laisser naitre aucun vide dans l'esprit,

en obligeant de s'appliquer sans cesse à ce qui le touche si agréablement. Mais quand il est dans l'état que je viens de décrire, il n'y peut pas durer longtemps, à cause qu'étant seul acteur dans une passion où il en faut nécessairement deux, il est difficile qu'il n'épuise bientôt tous les mouvements dont il est agité.

Quoique ce soit une même passion, il faut de la nouveauté ; l'esprit s'y plait, et qui sait la procurer sait se faire aimer.

Après avoir fait ce chemin, cette plénitude quelquefois diminue, et ne recevant point de secours du côté de la source, l'on décline misérablement, et les passions ennemies se saisissent d'un cœur qu'elles déchirent en mille morceaux. Néanmoins un rayon d'espérance, si bas que l'on soit, relève aussi haut que l'on était auparavant. C'est quelquefois un jeu auquel les dames se plaisent ; mais quelquefois en faisant semblant d'avoir compassion, elles l'ont tout de bon. Que l'on est heureux quand cela arrive !

Un amour ferme et solide commence toujours par l'éloquence d'action ; les yeux y ont la meilleure part. Néanmoins il faut deviner, mais bien deviner.

Quand deux personnes sont de même sentiment, ils ne devinent point, ou du moins il y en a une qui devine ce que veut dire l'autre sans que cet autre l'entende ou qu'il ose l'entendre.

Quand nous aimons, nous paraissons à nous-mêmes tout autres que nous n'étions auparavant. Ainsi nous nous imaginons que tout le monde s'en aperçoit ; cependant il n'y a rien de si faux. Mais parce que la raison a sa vue bornée par la passion, l'on ne peut s'assurer, et l'on est toujours dans la défiance.

Quand l'on aime, on se persuade que l'on découvrirait la passion d'un autre : ainsi l'on a peur.

Tant plus le chemin est long dans l'amour, tant plus un esprit délicat sent de plaisir.

Il y a de certains esprits à qui il faut donner longtemps des espérances et ce sont les délicats. Il y en a d'autres qui ne peuvent pas résister longtemps aux difficultés, et ce sont les plus grossiers. Les premiers aiment plus longtemps et avec plus d'agrément; les autres aiment plus vite, avec plus de liberté, et finissent bientôt.

Le premier effet de l'amour c'est d'inspirer un grand respect; l'on a de la vénération pour ce que l'on aime. Il est bien juste : on ne reconnaît rien au monde de grand comme cela.

Les auteurs ne nous peuvent pas bien dire les mouvements de l'amour de leurs héros : il faudrait qu'ils fussent héros eux-mêmes.

L'égarement à aimer en divers endroits est aussi monstrueux que l'injustice dans l'esprit.

En amour un silence vaut mieux qu'un jangage. Il est bon d'être interdit ; il y a une éloquence de silence qui pénètre plus que la langue ne saurait faire. Qu'un amant persuade bien sa maitresse quand il est interdit, et que d'ailleurs il a de l'esprit ! Quelque vivacité que l'on ait, il est des rencontres où il est bon qu'elle s'éteigne. Tout cela se passe sans règle et sans réflexion ; et quand l'esprit le fait, il n'y pensait pas auparavant. C'est par nécessité que cela arrive.

L'on adore souvent ce qui ne croit pas être adoré, et on ne laisse pas de lui garder une fidélité inviolable, quoiqu'il n'en sache rien. Mais il faut que l'amour soit bien fin et bien pur.

Nous connaissons l'esprit des hommes, et par conséquent leurs passions, par la comparaison que nous faisons de nous-mêmes avec les autres.

Je suis de l'avis de celui qui disait que dans l'amour on oubliait sa fortune, ses parents et ses amis : les grandes amitiés vont jusque-là. Ce qui fait que l'on va si loin dans l'amour, c'est qu'on ne songe pas que l'on aura besoin d'autre chose que de ce que l'on aime : l'esprit est plein ; il n'y a plus de place pour le soin ni pour l'inquiétude. La passion ne peut pas être belle sans cet excès ; de là vient qu'on ne se soucie pas de ce que dit le monde, que l'on sait déjà ne devoir pas condamner notre conduite, puis-

qu'elle vient de la raison. Il y a une plénitude de passion, il ne peut y avoir un commencement de réflexion.

Ce n'est point un effet de la coutume,
c'est une obligation de la nature, que les
hommes fassent les avances pour gagner
l'amitié d'une dame.

Cet oubli que cause l'amour, et cet attachement à ce que l'on aime, fait naitre des
qualités que l'on n'avait point auparavant.
L'on devient magnifique, sans jamais l'avoir
été. Un avaricieux même, qui aime, devient
libéral ; et il ne se souvient pas d'avoir
jamais eu une habitude opposée. L'on en
voit la raison en considérant qu'il y a des
passions qui resserrent l'âme et qui la rendent
immobile, et qu'il y en a qui l'agrandissent
et la font répandre au dehors.

L'on a ôté mal à propos le nom de raison à l'amour, et on les a opposés sans un bon fondement, car l'amour et la raison n'est qu'une même chose. C'est une précipitation de pensées qui se porte d'un côté sans bien examiner tout, mais c'est toujours une raison, et l'on ne doit et on ne peut souhaiter que ce soit autrement, car nous serions des machines très désagréables. N'excluons donc point la raison de l'amour, puisqu'elle en est inséparable.

Les poètes n'ont donc pas eu raison de nous dépeindre l'amour comme un aveugle ; il faut lui ôter son bandeau, et lui rendre désormais la jouissance de ses yeux.

Les âmes propres à l'amour demandent une vie d'action qui éclate en événements nouveaux. Comme le dedans est mouvement, il faut aussi que le dehors le soit, et cette manière de vivre est un merveilleux acheminement à la passion. C'est de là que ceux de la cour sont mieux reçus dans l'amour que ceux de la ville, parce que les uns sont tout de feu, et que les autres mènent une vie dont l'uniformité n'a rien qui frappe : la vie de tempête surprend, frappe et pénètre.

Il semble que l'on ait toute une autre âme quand l'on aime que quand on n'aime pas ; on s'élève par cette passion, et on devient tout grandeur ; il faut donc que le reste ait proportion ; autrement cela ne convient pas, et partant cela est désagréable.

L'agréable et le beau n'est que la même chose, tout le monde en a l'idée. C'est d'une beauté morale que j'entends parler, qui consiste dans les paroles et dans les actions de dehors. L'on a bien une règle pour devenir agréable ; cependant la disposition du corps

y est nécessaire ; mais elle ne se peut acquérir.

Les hommes ont pris plaisir à se former
une idée *de l'agréable]* si élevée, que personne n'y peut atteindre. Jugeons-en mieux,
et disons que ce n'est pas le naturel, avec
une facilité et une vivacité d'esprit qui sur-
prenne. Dans l'amour ces deux qualités sont
nécessaires : il ne faut rien de forcé, et cependant il ne faut point de lenteur. L'habitude donne le reste.

Le respect et l'amour doivent être si bien
proportionnés qu'ils se soutiennent sans
que ce respect étouffe l'amour.

Les grandes âmes ne sont pas celles qui
aiment le plus souvent, c'est d'un amour
violent que je parle : il faut une inondation
de passion pour les ébranler et pour les
remplir. Mais quand elles commencent à
aimer, elles aiment beaucoup mieux.

L'on dit qu'il y a des nations plus amou-
reuses les unes que les autres ; ce n'est pas
bien parler, ou du moins cela n'est pas vrai
en tout sens. L'amour ne consistant que
dans un attachement de pensée, il est certain
qu'il doit être le même par toute la terre.
Il est vrai que, se terminant autre part que
dans la pensée, le climat peut ajouter quelque
chose, mais ce n'est que dans le corps.

Il est de l'amour comme du bon sens :
comme l'on croit avoir autant d'esprit qu'un
autre, on croit aussi aimer de même.
Néanmoins quand on a plus de vue, l'on
aime jusques aux moindres choses, ce qui
n'est pas possible aux autres ; il faut être
bien fin pour remarquer cette différence.

L'on ne peut presque faire semblant d'aimer que l'on ne soit bien près d'être amant,
ou du moins que l'on n'aime en quelque

endroit ; car il faut avoir l'esprit et les pensées de l'amour pour ce semblant, et le
moyen d'en bien parler sans cela ? La vérité
des passions ne se déguise pas si aisément
que les vérités sérieuses. Il faut du feu, de
l'activité et un jeu d'esprit naturel et prompt
pour la première : les autres se cachent avec
la lenteur et la souplesse, ce qu'il est plus
aisé de faire.

Quand on est loin de ce que l'on aime,
l'on prend la résolution de faire et de dire
beaucoup de choses; mais quand on est
près, l'on est irrésolu ; d'où vient cela? c'est
que quand l'on est loin la raison n'est pas
si ébranlée, mais elle l'est étrangement à la
présence de l'objet; or, pour la résolution
il faut de la fermeté, qui est ruinée par
l'ébranlement.

Dans l'amour on n'ose hasarder parce que

l'on craint de tout perdre; il faut pourtant avancer, mais qui peut dire jusques où ? L'on tremble toujours jusques à ce que l'on ait trouvé ce point. La prudence ne fait rien pour s'y maintenir quand on l'a trouvé.

Il n'y a rien de si embarrassant que d'être amant et de voir quelque chose en sa faveur sans l'oser croire : l'on est également combattu de l'espérance et de la crainte. Mais enfin, la dernière devient victorieuse de l'autre.

Quand on aime fortement, c'est toujours une nouveauté de voir la personne aimée ; après un moment d'absence, on la trouve de manque dans son cœur. Quelle joie de la retrouver ! l'on sent aussitôt une cessation d'inquiétudes. Il faut pourtant que cet amour soit déjà bien avancé; car quand il est naissant et que l'on n'a fait aucun progrès, l'on sent bien une cessation d'inquiétudes, mais il en survient d'autres.

Quoique les maux succèdent ainsi les uns aux autres, on ne laisse pas de souhaiter la présence de sa maîtresse par l'espérance de moins souffrir ; cependant quand on la voit, on croit souffrir plus qu'auparavant. Les maux passés ne frappent plus, les présents touchent, et c'est sur ce qui touche que l'on juge. Un amant dans cet état n'est-il pas digne de compassion ?

LE MYSTÈRE DE JÉSUS

Jésus souffre dans sa passion les tourments que lui font les hommes; mais dans l'agonie il souffre les tourments qu'il se donne à lui-même : *turbare semetipsum.* C'est un supplice d'une main non humaine, mais toute-puissante, car il faut être tout-puissant pour le soutenir.

Jésus cherche quelque consolation au moins dans ses trois plus chers amis et ils dorment; il les prie de soutenir un peu avec lui, et ils le laissent avec une négligence entière, ayant si peu de compassion qu'elle ne pouvait seulement les empêcher de dormir un moment. Et ainsi Jésus était délaissé seul à la colère de Dieu.

Jésus est seul dans la terre, non seulement qui ressente et partage sa peine, mais qui la sache : le ciel et lui sont seuls dans cette connaissance.

Jésus est dans un jardin, non de délices comme le premier Adam, où il se perdit et tout le genre humain, mais dans un de supplices, où il s'est sauvé et tout le genre humain.

Il souffre cette peine et cet abandon dans l'horreur de la nuit.

Je crois que Jésus ne s'est jamais plaint que cette seule fois ; mais alors il se plaint comme s'il n'eût plus pu contenir sa douleur excessive : « Mon âme est triste jusqu'à la mort. »

Jésus cherche de la compagnie et du soulagement de la part des hommes. Cela est unique en toute sa vie, ce me semble. Mais il n'en reçoit point, car ses disciples dorment.

Jésus sera en agonie jusqu'à la fin du monde : il ne faut pas dormir pendant ce temps-là.

Jésus au milieu de ce délaissement universel et de ses amis choisis pour veiller avec lui, les trouvant dormant, s'en fâche à cause du péril où ils exposent, non lui, mais eux-mêmes, et les avertit de leur propre salut et de leur bien avec une tendresse cordiale pour eux pendant leur ingratitude, et les avertit que l'esprit est prompt et la chair infirme.

Jésus, les trouvant encore dormant, sans que ni sa considération ni la leur les en eût retenus, il a la bonté de ne pas les éveiller, et les laisse dans leur repos.

Jésus prie dans l'incertitude de la volonté du Père, il craint la mort ; mais l'ayant connue, il va au-devant s'offrir à elle : *Eamus. Processit* (Joannes).

Jésus a prié les hommes, et n'en a pas été exaucé.

Jésus, pendant que ses disciples dormaient, a opéré leur salut. Il l'a fait à chacun des justes pendant qu'ils dormaient, et dans le néant avant leur naissance, et dans les péchés depuis leur naissance.

Il ne prie qu'une fois que le calice passe et encore avec soumission, et deux fois qu'il vienne s'il le faut.

Jésus dans l'ennui.

Jésus, voyant tous ses amis endormis et tous ses ennemis vigilants, se remet tout entier à son Père.

Jésus ne regarde pas dans Judas son inimitié, mais l'ordre de Dieu qu'il aime, et l'avoue, puisqu'il l'appelle ami.

Jésus s'arrache d'avec ses disciples pour entrer dans l'agonie ; il faut s'arracher de ses plus proches et des plus intimes pour l'imiter.

Jésus étant dans l'agonie et dans les plus grandes peines, prions plus longtemps.

Nous implorons la miséricorde de Dieu, non afin qu'il nous laisse en paix dans nos vices, mais afin qu'il nous en délivre.

Si Dieu nous donnait des maîtres de sa

main, oh ! qu'il leur faudrait obéir de bon cœur ! La nécessité et les événements en sont infailliblement.

— « Console-toi, tu ne me chercherais pas, si tu ne m'avais trouvé.

« Je pensais à toi dans mon agonie, j'ai versé telles gouttes de sang pour toi.

« C'est me tenter plus que t'éprouver, que de penser si tu ferais bien telle et telle chose absente : je la ferai en toi si elle arrive.

« Laisse-toi conduire à mes règles, vois comme j'ai bien conduit la Vierge et les saints qui m'ont laissé agir en eux.

« Le Père aime tout ce que Je fais.

« Veux-tu qu'il me coûte toujours du sang

de mon humanité, sans que tu donnes des larmes ?

« C'est mon affaire que ta conversion ; ne crains point, et prie avec confiance comme pour moi.

« Je te suis présent par ma parole dans l'Écriture, par mon esprit dans l'Église et par les inspirations, par ma puissance dans les prêtres, par ma prière dans les fidèles.

« Les médecins ne te guériront pas, car tu mourras à la fin. Mais c'est moi qui guéris et rends le corps immortel.

« Souffre les chaînes et la servitude corporelles ; je ne te délivre que de la spirituelle à présent.

« Je te suis plus un ami que tel et tel ; car j'ai fait pour toi plus qu'eux, et ils ne souffriraient pas ce que j'ai souffert de toi et ne mourraient pas pour toi dans le temps de tes infidélités et cruautés, comme j'ai fait et comme je suis prêt à faire et fais dans mes élus et au Saint-Sacrement.

« Si tu connaissais tes péchés tu perdrais cœur. »

— Je le perdrai donc, Seigneur, car je crois leur malice sur votre assurance.

— « Non, car moi, par qui tu l'apprends, t'en peux guérir, et ce que je te le dis est un signe que je te veux guérir. A mesure que tu les expieras, tu les connaîtras, et il te sera dit : « Vois les péchés qui te sont remis. »

Fais donc pénitence pour tes péchés cachés et pour la malice occulte de ceux que tu connais. »

— Seigneur, je vous donne tout.

— « Je t'aime plus ardemment que tu n'as aimé tes souillures, *ut immundus pro luto.*

« Qu'à moi en soit la gloire et non à toi, ver et terre.

« Interroge ton directeur, quand mes propres paroles te sont occasion de mal et de vanité ou curiosité. »

Je vois mon abîme d'orgueil, de curiosité, de concupiscence. Il n'y a nul rapport de moi à Dieu, ni à Jésus-Christ juste. Mais il a été fait péché par moi ; tous vos fléaux sont tombés sur lui. Il est plus abominable que moi, et, loin de m'abhorrer, il se tient honoré que j'aille à lui et le secoure.

Mais il s'est guéri lui-même, et me guérira à plus forte raison.

Il faut ajouter mes plaies aux siennes, et

me joindre à lui, et il me sauvera en se sauvant. Mais il n'en faut pas ajouter à l'avenir.

Eritis sicut dii scientes bonum et malum. Tout le monde fait le dieu en jugeant : « Cela est bon ou mauvais »; et s'affligeant ou se réjouissant trop des événements.

Faire les petites choses comme grandes, à cause de la majesté de Jésus-Christ qui les fait en nous, et qui vit notre vie; et les grandes comme petites et aisées, à cause de sa toute-puissance.

La fausse justice de Pilate ne sert qu'à faire souffrir Jésus-Christ; car il le fait fouetter pour sa fausse justice et puis le tue. Il vaudrait mieux l'avoir tué d'abord. Ainsi, les faux justes : ils font de bonnes œuvres et de méchantes pour plaire au monde et montrer qu'ils ne sont pas tout à fait à Jésus-Christ; car ils en ont honte. Et enfin, dans

les grandes tentations et occasions, ils le
tuent.

*
* *

Il me semble que Jésus-Christ ne laisse
toucher que ses plaies après sa résurrection :
Noli me tangere. Il ne faut nous unir qu'à ses
souffrances.

Il s'est donné à communier comme mortel
en la Cène, comme ressuscité aux disciples
d'Emmaüs, comme monté au ciel à toute
l'Église.

*
* *

« Ne te compare point aux autres, mais à
moi. Si tu ne m'y trouves pas, dans ceux où
tu te compares, tu te compares à un abominable. Si tu m'y trouves, compare-t'y. Mais
qu'y compareras-tu ? sera-ce toi, ou moi dans
toi ? Si c'est toi, c'est un abominable. Si c'est

moi, tu compares moi à moi. Or je suis Dieu en tout.

« Je te parle et te conseille souvent, parce que ton conducteur ne te peut parler, car je ne veux pas que tu manques de conducteur.

« Et peut-être je le fais à ses prières, et ainsi il te conduit sans que tu le voies. Tu ne me chercherais pas si tu ne me possédais.

« Ne t'inquiète donc pas. »

PRIÈRE

POUR DEMANDER A DIEU

LE BON USAGE DES MALADIES

1. Seigneur, dont l'esprit est si bon et si doux en toutes choses, et qui êtes tellement miséricordieux que non seulement les prospérités, mais les disgrâces mêmes qui arrivent à vos élus sont des effets de votre miséricorde, faites-moi la grâce de n'agir pas en païen dans l'état où votre justice m'a réduit ; que comme un vrai chrétien je vous reconnaisse pour mon Père et pour mon

Dieu, en quelque état que je me trouve, puisque le changement de ma condition n'en apporte pas à la vôtre ; que vous êtes toujours le même, quoique je sois sujet au changement, et que vous n'êtes pas moins Dieu quand vous affligez et quand vous punissez, que quand vous consolez et que vous usez d'indulgence.

II. Vous m'aviez donné la santé pour vous servir, et j'en ai fait un usage tout profane. Vous m'envoyez maintenant la maladie pour me corriger : ne permettez pas que j'en use pour vous irriter par mon impatience. J'ai mal usé de ma santé, et vous m'en avez justement puni. Ne souffrez pas que j'use mal de votre punition. Et puisque la corruption de ma nature est telle qu'elle me rend vos faveurs pernicieuses, faites, ô mon Dieu ! que votre grâce toute-puissante

me rende vos châtiments salutaires. Si j'ai
eu le cœur plein de l'affection du monde
pendant qu'il a eu quelque vigueur, anéan-
tissez cette vigueur pour mon salut; et ren-
dez-moi incapable de jouir du monde, soit
par faiblesse de corps, soit par zèle de cha-
rité, pour ne jouir que de vous seul.

III. O Dieu, devant qui je dois rendre un
compte exact de toutes mes actions à la fin de
ma vie et à la fin du monde! O Dieu, qui ne laissez subsister le monde et toutes les choses du
monde que pour exercer vos élus, ou pour
punir les pécheurs! O Dieu, qui laissez les
pécheurs endurcis dans l'usage délicieux et
criminel du monde! O Dieu, qui faites mourir nos corps, et qui, à l'heure de la mort,
détachez notre âme de tout ce qu'elle aimait
au monde! O Dieu, qui m'arracherez, à ce
dernier moment de ma vie, de toutes les

choses auxquelles je me suis attaché, et où j'ai mis mon cœur! O Dieu, qui devez consumer au dernier jour le ciel et la terre, et toutes les créatures qu'ils contiennent, pour montrer à tous les hommes que rien ne subsiste que vous, et qu'ainsi rien n'est digne d'amour que vous, puisque rien n'est durable que vous! O Dieu, qui devez détruire toutes ces vaines idoles, et tous ces funestes objets de nos passions! Je vous loue, mon Dieu, et je vous bénirai tous les jours de ma vie, de ce qu'il vous a plu prévenir en ma faveur ce jour épouvantable, en détruisant à mon égard toutes choses, dans l'affaiblissement où vous m'avez réduit. Je vous loue, mon Dieu, et je vous bénirai tous les jours de ma vie, de ce qu'il vous a plu me réduire dans l'incapacité de jouir des douceurs de la santé et des plaisirs du monde, et de ce que vous avez anéanti en quelque sorte pour mon avantage les idoles trompeuses que vous anéantirez effectivement pour la confusion des méchants, au jour de votre colère. Faites, Seigneur, que je me juge moi-même ensuite de cette destruction que vous avez faite à mon égard, afin que vous ne me jugiez pas vous-même ensuite de l'entière destruction que vous ferez de ma vie et du monde. Car, Seigneur, comme à l'instant de ma mort je me trouverai séparé du monde, dénué de toutes choses, seul en votre présence, pour répondre à votre justice de tous les mouvements de mon cœur, faites que je me considère en cette maladie comme en une espèce de mort, séparé du monde, dénué de tous les objets de mes attachements, seul en votre présence, pour implorer de votre miséricorde la conversion de mon cœur ; et qu'ainsi j'aie une extrême consolation de ce que vous m'envoyez maintenant une espèce de mort pour exercer votre miséricorde, avant que vous m'envoyiez effectivement la mort pour exercer votre jugement. Faites donc, ô mon Dieu, que comme vous avez prévenu ma mort, je prévienne la rigueur de votre sentence, et que je m'examine moi-même avant votre jugement, pour trouver miséricorde en votre présence.

IV. Faites, ô mon Dieu! que j'adore en silence l'ordre de votre Providence adorable sur la conduite de ma vie; que votre fléau me console, et qu'ayant vécu dans l'amertume de mes péchés pendant la paix, je goûte les douceurs célestes de votre grâce durant les maux salutaires dont vous m'affligez! Mais je reconnais, mon Dieu, que mon cœur est tellement endurci et plein des idées,

des soins, des inquiétudes et des attachements du monde, que la maladie non plus
que la santé, ni les discours, ni les livres, ni
vos Écritures sacrées, ni votre Évangile, ni
vos Mystères les plus saints, ni les aumônes,
ni les jeûnes, ni les mortifications, ni les mi-
racles, ni l'usage des Sacrements, ni le sacrifice de votre corps, ni tous mes efforts, ni
ceux de tout le monde ensemble, ne peuvent
rien du tout pour commencer ma conversion, si vous n'accompagnez toutes ces
choses d'une assistance tout extraordinaire
de votre grâce. C'est pourquoi, mon Dieu,
je m'adresse à vous, Dieu tout-puissant,
pour vous demander un don que toutes les
créatures ensemble ne peuvent m'accorder.
Je n'aurais pas la hardiesse de vous adresser
mes cris, si quelque autre pouvait les exau-
cer. Mais, mon Dieu, comme la conversion

de mon cœur, que je vous demande, est un ouvrage qui passe tous les efforts de la nature, je ne puis m'adresser qu'à l'auteur et au maître tout-puissant de la nature et de mon cœur. A qui crierai-je, Seigneur, à qui aurai-je recours, si ce n'est à vous? Tout ce qui n'est pas Dieu ne peut pas remplir mon attente. C'est Dieu même que je demande et que je cherche; et c'est à vous seul, mon Dieu, que je m'adresse pour vous obtenir. Ouvrez mon cœur, Seigneur; entrez dans cette place rebelle que les vices ont occupée : ils la tiennent sujette. Entrez-y comme dans la maison du fort; mais liez auparavant le fort et puissant ennemi qui la maîtrise, et prenez ensuite les trésors qui y sont. Seigneur, prenez mes affections que le monde avait volées; volez vous-même ce trésor, ou plutôt reprenez-le, puisque c'est à vous qu'il appartient, comme un tribut que je vous dois, puisque votre image y est empreinte. Vous l'y aviez formée, Seigneur, au moment de mon baptême qui est ma seconde naissance ; mais elle est tout effacée. L'idée du monde y est tellement gravée, que la vôtre n'est plus connaissable. Vous seul avez pu créer mon âme : vous seul pouvez la créer de nouveau : vous seul y avez pu former votre image, vous seul pouvez la reformer, et y réimprimer votre portrait effacé, c'est-à-dire Jésus-Christ mon Sauveur, qui est votre image et le caractère de votre substance.

V. O mon Dieu! qu'un cœur est heureux qui peut aimer un objet si charmant, qui ne le déshonore point et dont l'attachement lui est si salutaire! Je sens que je ne puis aimer le monde sans vous déplaire, sans me nuire et sans me déshonorer; et néanmoins le monde est encore l'objet de mes délices. O mon Dieu! qu'une âme est heureuse dont vous êtes les délices, puisqu'elle peut s'abandonner à vous aimer, non seulement sans scrupule, mais encore avec mérite! Que son bonheur est ferme et durable, puisque son attente ne sera point frustrée, parce que vous ne serez jamais détruit, et que ni la vie ni la mort ne la sépareront jamais de l'objet de ses désirs; et que le même moment, qui entrainera les méchants avec leurs idoles dans une ruine commune, unira les justes avec vous dans une gloire commune; et que, comme les uns périront avec les objets périssables auxquels ils se sont attachés, les autres subsisteront éternellement dans l'objet éternel et subsistant par soi-même auquel ils se sont étroitement unis! Oh! qu'heureux sont ceux qui avec une liberté entière et une pente invincible de leur volonté aiment parfaitement et librement ce qu'ils sont obligés d'aimer nécessairement!

VI. Achevez, ô mon Dieu, les bons mouvements que vous me donnez. Soyez-en la fin comme vous en êtes le principe. Couronnez vos propres dons ; car je reconnais que ce sont vos dons. Oui, mon Dieu : et, bien loin de prétendre que mes prières aient du mérite qui vous oblige de les accorder de nécessité, je reconnais très humblement qu'ayant donné aux créatures mon cœur, que vous n'aviez formé que pour vous, et non pas pour le monde, ni pour moi-même, je ne puis attendre aucune grâce que de votre miséricorde, puisque je n'ai rien en moi qui vous y puisse engager, et que tous les mouvements naturels de mon cœur, se portant vers les créatures ou vers moi-même, ne peuvent que vous irriter. Je vous rends donc grâces, mon Dieu, des bons mouvements que vous me donnez, et de celui même que vous me donnez, de vous en rendre grâces.

VII. Touchez mon cœur du repentir de mes fautes, puisque, sans cette douleur intérieure, les maux extérieurs dont vous touchez mon corps me seraient une nouvelle occasion de péché. Faites-moi bien connaître que les maux du corps ne sont autre chose que la punition et la figure tout ensemble des maux de l'âme. Mais, Seigneur, faites aussi qu'ils en soient le remède, en me faisant considérer, dans les douleurs que je sens, celle que je ne sentais pas dans mon âme, quoique toute malade et couverte d'ulcères. Car, Seigneur, la plus grande de ses maladies est cette insensibilité, et cette ex-

trême faiblesse qui lui avait ôté tout sentiment de ses propres misères. Faites-les-moi
sentir vivement, et que ce qui me reste de
vie soit une pénitence continuelle pour laver
les offenses que j'ai commises.

VIII. Seigneur, bien que ma vie passée
ait été exempte de grands crimes, dont vous
avez éloigné de moi les occasions, elle vous
a été néanmoins très odieuse par sa négligence continuelle, par le mauvais usage de
vos plus augustes Sacrements, par le mépris de
votre parole et de vos inspirations, par l'oisiveté et l'inutilité totale de mes actions et de
mes pensées, par la perte entière du temps
que vous ne m'aviez donné que pour vous
adorer, pour rechercher en toutes mes occu-
pations les moyens de vous plaire, et pour
faire pénitence des fautes qui se commettent
tous les jours, et qui même sont ordinaires

aux plus justes : de sorte que leur vie doit être une pénitence continuelle sans laquelle ils sont en danger de déchoir de leur justice. Ainsi, mon Dieu, je vous ai toujours été contraire.

IX. Oui, Seigneur, jusqu'ici j'ai toujours été sourd à vos inspirations ; j'ai méprisé vos oracles ; j'ai jugé au contraire de ce que vous jugez ; j'ai contredit aux saintes maximes que vous avez apportées au monde du sein de votre Père éternel, et suivant lesquelles vous jugerez le monde. Vous dites : « Bienheureux sont ceux qui pleurent et malheur à ceux qui sont consolés ! » Et moi j'ai dit : « Malheureux ceux qui gémissent, et très heureux ceux qui sont consolés ! » J'ai dit : « Heureux ceux qui jouissent d'une fortune avantageuse, d'une réputation glorieuse et d'une santé robuste ! » Et pourquoi les ai-je réputés heureux, sinon parce que tous ces avantages leur fournissaient une facilité très ample de jouir des créatures, c'est-à-dire de vous offenser ? Oui, Seigneur, je confesse que j'ai estimé la santé un bien, non pas parce qu'elle est un moyen facile pour vous servir avec utilité, pour consommer plus de soins et de veilles à votre service, et pour l'assistance du prochain ; mais parce qu'à sa faveur je pouvais m'abandonner avec moins de retenue dans l'abondance des délices de la vie, et en mieux goûter les funestes plaisirs. Faites-moi la grâce, Seigneur, de réformer ma raison corrompue, et de conformer mes sentiments aux vôtres. Que je m'estime heureux dans l'affliction, et que, dans l'impuissance d'agir au dehors, vous purifiiez tellement mes sentiments qu'ils ne répugnent plus aux vôtres ; et qu'ainsi je vous trouve au dedans de moi-même, puisque je ne puis vous chercher au dehors, à cause de ma faiblesse. Car, Seigneur, votre Royaume est dans vos fidèles ; et je le trouverai dans moi-même, si j'y trouve votre Esprit et vos sentiments.

X. Mais, Seigneur, que ferai-je pour vous obliger à répandre votre Esprit sur cette misérable terre ? Tout ce que je suis vous est odieux, et je ne trouve rien en moi qui vous puisse agréer. Je n'y vois rien, Seigneur, que mes seules douleurs qui ont quelque ressemblance avec les vôtres. Considérez donc les maux que je souffre et ceux qui me menacent. Voyez d'un œil de miséricorde les plaies que votre main m'a faites, ô mon Sauveur, qui avez aimé vos souffrances en la mort ! ô Dieu, qui ne vous êtes fait homme que pour souffrir plus qu'aucun homme pour le salut des hommes ! ô Dieu,

qui ne vous êtes incarné après le péché des
hommes et qui n'avez pris un corps que pour
y souffrir tous les maux que nos péchés ont
mérités! ô Dieu, qui aimez tant les corps qui
souffrent, que vous avez choisi pour vous le
corps le plus accablé de souffrances qui ait
jamais été au monde! ayez agréable mon
corps, non pas pour lui-même, ni pour tout
ce qu'il contient, car tout y est digne de
votre colère, mais pour les maux qu'il endure, qui seuls peuvent être dignes de votre
amour. Aimez mes souffrances, Seigneur, et
que mes maux vous invitent à me visiter.
Mais, pour achever la préparation de votre
demeure, faites, ô mon Sauveur, que si mon
corps a cela de commun avec le vôtre, qu'il
souffre pour mes offenses, mon âme ait aussi
cela de commun avec la vôtre, qu'elle soit
dans la tristesse pour les mêmes offenses;

et qu'ainsi je souffre avec vous, et comme
vous, et dans mon corps, et dans mon âme,
pour les péchés que j'ai commis.

XI. Faites-moi la grâce, Seigneur, de
joindre vos consolations à mes souffrances,
afin que je souffre en Chrétien. Je ne demande pas d'être exempt des douleurs, car
c'est la récompense des Saints : mais je demande de n'être pas abandonné aux douleurs
de la nature sans les consolations de votre
Esprit; car c'est la malédiction des Juifs et
des Païens. Je ne demande pas d'avoir une
plénitude de consolation sans aucune souf-
france; car c'est la vie de la gloire. Je ne
demande pas aussi d'être dans une plénitude
de maux sans consolation ; car c'est un état
de Judaïsme. Mais je demande, Seigneur, de
ressentir tout ensemble et les douleurs de la
nature pour mes péchés, et les consolations

de votre Esprit par votre grâce ; car c'est le véritable état du Christianisme. Que je ne sente pas des douleurs sans consolation ; mais que je sente des douleurs et de la consolation tout ensemble, pour arriver enfin à ne sentir plus que vos consolations sans aucune douleur. Car, Seigneur, vous avez laissé languir le monde dans les souffrances naturelles sans consolation, avant la venue de votre Fils unique : vous consolez maintenant et vous adoucissez les souffrances de vos fidèles par la grâce de votre Fils unique : et vous comblez d'une béatitude toute pure vos Saints dans la gloire de votre Fils unique. Ce sont les admirables degrés par lesquels vous conduisez vos ouvrages. Vous m'avez tiré du premier : faites-moi passer par le second, pour arriver au troisième. Seigneur, c'est la grâce que je vous demande.

XII. Ne permettez pas que je sois dans un tel éloignement de vous, que je puisse considérer votre âme triste jusqu'à la mort, et votre corps abattu par la mort pour mes propres péchés, sans me réjouir de souffrir et dans mon corps et dans mon âme. Car qu'y a-t-il de plus honteux, et néanmoins de plus ordinaire dans les Chrétiens et dans moi-même, que, tandis que vous suez le sang pour l'expiation de nos offenses, nous vivons dans les délices ; et que des Chrétiens qui font profession d'être à vous, que ceux qui par le baptême ont renoncé au monde pour vous suivre, que ceux qui ont juré solennellement à la face de l'Église de vivre et de mourir avec vous, que ceux qui font profession de croire que le monde vous a persécuté et crucifié, que ceux qui croient que vous vous êtes exposé à la colère de Dieu et à la cruauté des hommes pour les racheter de leurs crimes ; que ceux, dis-je, qui croient toutes ces vérités, qui considèrent votre corps comme l'hostie qui s'est livrée pour leur salut, qui considèrent les plaisirs et les péchés du monde comme l'unique sujet de vos souffrances, et le monde même comme votre bourreau, recherchent à flatter leurs corps par ces mêmes plaisirs, parmi ce même monde ; et que ceux qui ne pourraient, sans frémir d'horreur, voir un homme caresser et chérir le meurtrier de son père qui se serait livré pour lui donner la vie, puissent vivre comme j'ai fait, avec une pleine joie, parmi le monde que je sais avoir été véritablement le meurtrier de celui que je reconnais pour mon Dieu et mon père, qui s'est livré pour mon propre salut, et qui a porté en sa personne la peine de mes iniquités ?

il est juste, Seigneur, que vous ayez inter-
rompu une joie aussi criminelle que celle
dans laquelle je me reposais à l'ombre de la
mort.

XIII. Otez donc de moi, Seigneur, la
tristesse que l'amour de moi-même me
pourrait donner de mes propres souffrances
et des choses du monde qui ne réussissent
pas au gré des inclinations de mon cœur,
qui ne regardent pas votre gloire ; mais met-
tez en moi une tristesse conforme à la vôtre.
Que mes souffrances servent à apaiser votre
colère. Faites-en une occasion de mon salut
et de ma conversion. Que je ne souhaite
désormais de santé et de vie qu'afin de l'em-
ployer et la finir pour vous, avec vous et en
vous. Je ne vous demande ni santé, ni maladie, ni vie, ni mort ; mais que vous dispo-
siez de ma santé et de ma maladie, de ma

vie et de ma mort, pour votre gloire, pour mon salut et pour l'utilité de l'Église et de vos Saints, dont j'espère par votre grâce faire une portion. Vous seul savez ce qui m'est expédient ; vous êtes le souverain maitre, faites ce que vous voudrez. Donnez-moi, ôtez-moi ; mais conformez ma volonté à la vôtre ; et que, dans une soumission humble et parfaite et dans une sainte confiance, je me dispose à recevoir les ordres de votre Providence éternelle, et que j'adore également tout ce qui me vient de vous.

XIV. Faites, mon Dieu, que dans une uniformité d'esprit toujours égale je reçoive toute sorte d'événements, puisque nous ne savons ce que nous devons demander, et que je n'en puis souhaiter l'un plutôt que l'autre sans présomption, et sans me rendre juge et responsable des suites que votre sagesse a voulu justement me cacher. Seigneur, je sais que je ne sais qu'une chose : c'est qu'il est bon de vous suivre, et qu'il est mauvais de vous offenser. Après cela, je ne sais lequel est le meilleur ou le pire en toutes choses ; je ne sais lequel m'est profitable de la santé ou de la maladie, des biens ou de la pauvreté, ni de toutes les choses du monde. C'est un discernement qui passe la force des hommes et des Anges, et qui est caché dans les secrets de votre Providence que j'adore, et que je ne veux pas approfondir.

XV. Faites donc, Seigneur, que tel que je sois je me conforme à votre volonté ; et qu'étant malade comme je suis, je vous glorifie dans mes souffrances. Sans elles je ne puis arriver à la gloire ; et vous-même, mon Sauveur, n'y avez voulu parvenir que par elles. C'est par les marques de vos souffrances que vous avez été reconnu de vos disciples ; et c'est par les souffrances que vous reconnaissez aussi ceux qui sont vos disciples. Reconnaissez-moi donc pour votre disciple dans les maux que j'endure et dans mon corps et dans mon esprit pour les offenses que j'ai commises. Et, parce que rien n'est agréable à Dieu s'il ne lui est offert par vous, unissez ma volonté à la vôtre, et mes douleurs à celles que vous avez souffertes. Faites que les miennes deviennent les vôtres. Unissez-moi à vous ; remplissez-moi de vous et de votre Esprit-Saint. Entrez dans mon cœur et dans mon âme, pour y porter mes souffrances, et pour continuer d'endurer en moi ce qui vous reste à souffrir de votre Passion, que vous achevez dans vos membres jusqu'à la consommation parfaite de votre corps ; afin qu'étant plein de vous ce ne soit plus moi qui vive et qui souffre, mais que ce soit vous qui viviez et qui souffriez en moi, ô mon Sauveur ! et qu'ainsi, ayant quelque petite part à vos souffrances, vous me remplissiez entièrement de la gloire qu'elles vous ont acquise, dans laquelle vous vivez avec le Père et le Saint-Esprit, par tous les siècles des siècles. Ainsi soit-il.

ENTRETIEN AVEC M. DE SACI

SUR ÉPICTÈTE ET MONTAIGNE

M. Pascal vint aussi, en ce temps-là, demeurer à Port-Royal-des-Champs. Je ne
m'arrête point à dire qui était cet homme,
que non seulement toute la France, mais
toute l'Europe a admiré. Son esprit toujours
vif, toujours agissant, était d'une étendue,
d'une élévation, d'une fermeté, d'une pénétration et d'une netteté au delà de ce qu'on
peut croire... Cet homme admirable, enfin,
étant touché de Dieu, soumit cet esprit si

élevé au doux joug de Jésus-Christ, et ce cœur si noble et si grand embrassa avec humilité la pénitence. Il vint à Paris se jeter entre les bras de M. Singlin, résolu de faire tout ce qu'il lui ordonnerait.

M. Singlin crut, en voyant ce grand génie, qu'il ferait bien de l'envoyer à Port-Royal-des-Champs, où M. Arnauld lui prêterait le collet en ce qui regarde les autres sciences, et où M. de Saci lui apprendrait à les mépriser. Il vint donc demeurer à Port-Royal. M. de Saci ne put se dispenser de le voir par honnêteté, surtout en ayant été prié par M. Singlin ; mais les lumières saintes qu'il trouvait dans l'Écriture et dans les Pères lui firent espérer qu'il ne serait point ébloui de tout le brillant de M. Pascal, qui charmait néanmoins et qui enlevait tout le monde.

Il trouvait en effet tout ce qu'il disait fort

juste. Il avouait avec plaisir la force de son esprit et de ses discours. Mais il n'y avait rien de nouveau : tout ce que M. Pascal lui disait de grand, il l'avait vu avant lui dans saint Augustin ; et, faisant justice à tout le monde, il disait : « M. Pascal est extrêmement estimable en ce que, n'ayant point lu les Pères de l'Église, il avait de lui-même, par la pénétration de son esprit, trouvé les mêmes vérités qu'ils avaient trouvées. Il les trouve surprenantes, disait-il, parce qu'il ne les a vues en aucun endroit ; mais pour nous, nous sommes accoutumés à les voir de tous côtés dans nos livres. » Ainsi, ce sage ecclésiastique trouvant que les anciens n'avaient pas moins de lumière que les nouveaux, il s'y tenait et estimait beaucoup M. Pascal de ce qu'il se rencontrait en toutes choses avec saint Augustin.

La conduite ordinaire de M. de Saci, en entretenant les gens, était de proportionner ses entretiens à ceux à qui il parlait. S'il voyait, par exemple, M. Champagne, il parlait avec lui de la peinture. S'il voyait M. Hamon, il l'entretenait de la médecine. S'il voyait le chirurgien du lieu, il le questionnait sur la chirurgie. Ceux qui cultivaient la vigne, ou les arbres, ou les grains, lui disaient tout ce qu'il y fallait observer. Tout lui servait pour passer aussitôt à Dieu, et pour y faire passer les autres. Il crut donc devoir mettre M. Pascal sur son fonds, et lui parler des lectures de philosophie dont il s'occupait le plus. Il le mit sur ce sujet aux premiers entretiens qu'ils eurent ensemble. M. Pascal lui dit que ses livres les plus ordinaires avaient été Épictète et Montaigne, et il lui fit de grands éloges de ces deux esprits. M. de Saci, qui avait toujours cru devoir peu lire ces auteurs, pria M. Pascal de lui en parler à fond.

« Épictète, lui dit-il, est un des philosophes du monde qui ait le mieux connu les devoirs de l'homme. Il veut, avant toutes choses, qu'il regarde Dieu comme son principal objet ; qu'il soit persuadé qu'il gouverne tout avec justice : qu'il se soumette à lui de bon cœur et qu'il le suive volontairement en tout, comme ne faisant rien qu'avec une très grande sagesse : qu'ainsi cette disposition arrêtera toutes les plaintes et tous les murmures, et préparera son esprit à souffrir paisiblement tous les événements les plus fâcheux. Ne dites jamais, dit-il : « J'ai « perdu cela » ; dites plutôt : « Je l'ai rendu. Mon fils est mort, je l'ai rendu. Ma « femme est morte, je l'ai rendue. » Ainsi des biens et de tout le reste. « Mais celui qui « me l'ôte est un méchant homme, » dites-vous. De quoi vous mettez-vous en peine par qui celui qui vous l'a prêté vous le redemande ? Pendant qu'il vous en permet l'usage, ayez-en soin comme d'un bien qui appartient à autrui, comme un homme qui fait voyage se regarde dans une hôtellerie. Vous ne devez pas, dit-il, désirer que ces choses qui se font se fassent comme vous le voulez ; mais vous devez vouloir qu'elles se fassent comme elles se font. Souvenez-vous, dit-il ailleurs, que vous êtes ici comme un acteur, et que vous jouez le personnage d'une comédie, tel qu'il plaît au maitre de vous le donner. S'il vous le donne court, jouez-le court ; s'il vous le donne long, jouez-le long ; s'il veut que vous contrefassiez le gueux, vous le devez faire avec toute la naïveté qui vous sera possible ; ainsi du reste. C'est votre fait de jouer bien le personnage qui vous est donné : mais de le choisir, c'est le fait d'un autre. Ayez tous les jours devant les yeux la mort, et les maux qui semblent les plus insupportables ; et jamais vous ne penserez rien de bas, et ne désirerez rien avec excès.

« Il montre aussi en mille manières ce que doit faire l'homme. Il veut qu'il soit humble, qu'il cache ses bonnes résolutions, surtout dans les commencements, et qu'il les accomplisse en secret : rien ne les ruine davantage que de les produire. Il ne se lasse point de répéter que toute l'étude et le désir de l'homme doivent être de reconnaître la volonté de Dieu et de la suivre.

« Voilà, monsieur, dit M. Pascal à M. de Saci, les lumières de ce grand esprit qui a si bien connu les devoirs de l'homme. J'ose dire qu'il mériterait d'être adoré, s'il avait connu son impuissance, puisqu'il fallait être Dieu pour apprendre l'un et l'autre aux hommes. Aussi, comme il était terre et cendre, après avoir si bien compris ce qu'on doit, voici comment il se perd dans la présomption de ce qu'on peut. Il dit que Dieu a donné à l'homme les moyens de s'acquitter de toutes ses obligations ; que ces moyens sont en notre puissance ; qu'il faut chercher la félicité par les choses qui sont en notre pouvoir, puisque Dieu nous les a données à cette fin ; qu'il faut voir ce qu'il y a en nous de libre ; que les biens, la vie, l'estime ne sont pas en notre puissance, et ne mènent donc pas à Dieu ; mais que l'esprit ne peut être forcé de croire ce qu'il sait être faux, ni la volonté d'aimer ce qu'elle sait

qui la rend malheureuse ; que ces deux puissances sont donc libres, et que c'est par
elles que nous pouvons nous rendre par-
faits ; que l'homme peut par ces puissances
parfaitement connaître Dieu, l'aimer, lui
obéir, lui plaire, se guérir de tous ses vices,
acquérir toutes les vertus, se rendre saint
ainsi et compagnon de Dieu. Ces principes
d'une superbe diabolique le conduisent à
d'autres erreurs, comme : que l'âme est une
portion de la substance divine ; que la douleur et la mort ne sont pas des maux ; qu'on
peut se tuer quand on est si persécuté qu'on
doit croire que Dieu nous appelle, et d'autres
encore.

« Pour Montaigne, dont vous voulez
aussi, monsieur, que je vous parle, étant né
dans un État chrétien, il fait profession de
la religion catholique, et en cela il n'a rien

de particulier. Mais comme il a voulu chercher quelle morale la raison devrait dicter
sans la lumière de la foi, il a pris ses principes dans cette supposition ; et ainsi, en
considérant l'homme destitué de toute révélation, il discourt en cette sorte. Il met
toutes choses dans un doute universel et si
général, que ce doute s'emporte soi-même,
c'est-à-dire s'il doute, et doutant même de
cette dernière supposition, son incertitude
roule sur elle-même dans un cercle perpé-
tuel et sans repos ; s'opposant également à
ceux qui assurent que tout est incertain et à
ceux qui assurent que tout ne l'est pas,
parce qu'il ne veut rien assurer. C'est dans
ce doute qui doute de soi et dans cette ignorance qui s'ignore, et qu'il appelle sa maîtresse forme, qu'est l'essence de son opi-
nion, qu'il n'a pu exprimer par aucun terme

positif. Car, s'il dit qu'il doute, il se trahit, en assurant au moins qu'il doute ; ce que, étant formellement contre son intention, il n'a pu s'expliquer que par interrogation ; de sorte que, ne voulant pas dire : « Je ne « sais, » il dit : « Que sais-je ? » dont il fait sa devise, en la mettant sous des balances qui, pesant les contradictoires, se trouvent dans un parfait équilibre : c'est-à-dire qu'il est pur pyrrhonien. Sur ce principe roulent tous ses discours et tous ses *Essais* ; et c'est la seule chose qu'il prétend bien établir, quoiqu'il ne fasse pas toujours remarquer son intention. Il y détruit insensiblement tout ce qui passe pour le plus certain parmi les hommes, non pas pour établir le contraire avec une certitude de laquelle seule il est ennemi, mais pour faire voir seulement que, les apparences étant égales de part et d'autre, on ne sait où asseoir sa créance.

« Dans cet esprit, il se moque de toutes les assurances ; par exemple, il combat ceux qui ont pensé établir dans la France un grand remède contre les procès par la multitude et par la prétendue justesse des lois : comme si l'on pouvait couper les racines des doutes d'où naissent les procès, et qu'il y eût des digues qui pussent arrêter le torrent de l'incertitude et captiver les conjectures ! C'est là que, quand il dit qu'il vaudrait autant soumettre sa cause au premier passant qu'à des juges armés de ce nombre d'ordonnances, il ne prétend pas qu'on doive changer l'ordre de l'État, il n'a pas tant d'ambition ; ni que son avis soit meilleur, il n'en croit aucun de bon. C'est seulement pour prouver la vanité des opinions les plus reçues ; montrant que l'exclusion de toutes lois diminuerait plutôt le nombre des différends que cette multitude qui ne sert qu'à l'augmenter, parce que les difficultés croissent à mesure qu'on les pèse ; que les obscurités se multiplient par les commentaires ; et que le plus sûr moyen pour entendre le sens d'un discours est de ne pas examiner, et de le prendre sur la première apparence : si peu qu'on l'observe, toute la clarté se dissipe. Aussi il juge à l'aventure de toutes les actions des hommes et des points d'histoire, tantôt d'une manière, tantôt d'une autre, suivant librement sa première vue, et sans contraindre sa pensée sous les règles de la raison, qui n'a que de fausses mesures : ravi de montrer par son exemple les contrariétés d'un même esprit. Dans ce génie tout libre, il lui est entièrement égal de l'emporter ou non dans la dispute, ayant toujours, par l'un ou l'autre exemple, un moyen de faire voir la faiblesse des opinions ; étant posté avec tant d'avantage dans ce doute universel, qu'il s'y fortifie également par son triomphe et par sa défaite.

« C'est dans cette assiette, toute flottante et chancelante qu'elle est, qu'il combat avec une fermeté invincible les hérétiques de son temps, sur ce qu'ils s'assuraient de connaître seuls le véritable sens de l'Écriture ; et c'est de là encore qu'il foudroie plus vigoureusement l'impiété horrible de ceux qui osent assurer que Dieu n'est point. Il les entreprend particulièrement dans l'*Apologie de Raymond de Sebonde* ; et les trouvant dépouillés volontairement de toute révélation, et abandonnés à leur lumière naturelle, toute foi mise à part, il les interroge de

quelle autorité ils entreprennent de juger de
cet Être souverain qui est infini par sa
propre définition, eux qui ne connaissent
véritablement aucune des moindres choses
de la nature ! Il leur demande sur quels
principes ils s'appuient ; il les presse de les
montrer. Il examine tous ceux qu'ils peuvent
produire et y pénètre si avant, par le talent
où il excelle, qu'il montre la vanité de tous
ceux qui passent pour les plus naturels et
les plus fermes. Il demande si l'âme connait quelque chose, si elle se connait elle-
même ; si elle est substance ou accident,
corps ou esprit ; ce que c'est que chacune
de ces choses, et s'il n'y a rien qui ne soit
de l'un de ces ordres ; si elle connait son
propre corps, ce que c'est que matière, si
elle peut discerner entre l'innombrable
variété d'avis, quand on en a produit de

bons ; comment elle peut raisonner, si elle est matérielle ; et comment peut-elle être unie à un corps particulier et en ressentir les passions, si elle est spirituelle ? quand a-t-elle commencé d'être ? avec le corps ou devant ; si elle finit avec lui ou non ; si elle ne se trompe jamais ; si elle sait quand elle erre, vu que l'essence de la méprise consiste à ne pas la connaître ; si dans ces obscurcissements elle ne croit pas aussi fermement que deux et trois font six qu'elle sait ensuite que c'est cinq ; si les animaux raisonnent, pensent, parlent ; et qui peut décider ce que c'est que le temps, ce que c'est que l'espace ou l'étendue, ce que c'est que le mouvement, ce que c'est que l'unité, qui sont toutes choses qui nous environnent, et entièrement inexplicables ; ce que c'est que la santé, maladie, vie, mort, bien, mal, justice, péché, dont nous parlons à toute heure ; si nous avons en nous des principes du vrai, et si ceux que nous croyons, et qu'on appelle axiomes ou notions communes, parce qu'elles sont conformes dans tous les hommes, sont conformes à la vérité essentielle ; et puisque nous ne savons que par la seule foi qu'un Être tout bon nous les a donnés véritables, en nous créant pour connaître la vérité, qui saura, sans cette lumière, si, étant formés à l'aventure, ils ne sont pas incertains, ou si, étant formés par un être faux et méchant, il ne nous les a pas donnés faux afin de nous séduire ? montrant, par là, que Dieu et le vrai sont inséparables, et que si l'un est ou n'est pas, s'il est incertain ou certain, l'autre est nécessairement de même. Qui sait donc si le sens commun, que nous prenons pour juge du vrai, en a l'être de celui qui l'a créé ? De plus, qui sait ce que c'est que vérité, et comment peut-on s'assurer de l'avoir sans la connaître ? Qui sait même ce que c'est qu'être, qu'il est impossible de définir, puisqu'il n'y a rien de plus général, et qu'il faudrait, pour l'expliquer, se servir d'abord de ce mot-là même, en disant : C'est, etc... ? Et puisque nous ne savons ce que c'est qu'âme, corps, temps, espace, mouvement, vérité, bien, ni même être, ni expliquer l'idée que nous nous en formons, comment nous assurons-nous qu'elle est la même dans tous les hommes, vu que nous n'en avons d'autre marque que l'uniformité des conséquences, qui n'est pas toujours un signe de celle des principes ? car ils peuvent bien être différents et conduire néanmoins aux mêmes conclusions, chacun sachant que le vrai se conclut souvent du faux.

« Enfin, il examine aussi profondément toutes les sciences, et la géométrie, dont il montre l'incertitude dans les axiomes et dans les termes qu'elle ne définit point, comme d'étendue, de mouvement, etc. ; et la physique en bien plus de manières, et la médecine en une infinité de façons ; et l'histoire, et la politique, et la morale, et la jurisprudence et le reste ; de telle sorte qu'on demeure convaincu que nous ne pensons pas mieux à présent que dans quelque songe dont nous ne nous éveillons qu'à la mort, et pendant lequel nous avons aussi peu les principes du vrai que durant le sommeil naturel. C'est ainsi qu'il gourmande si fortement et si cruellement la raison dénuée de la foi, que, lui faisant douter si elle est raisonnable, et si les animaux le sont ou non, ou plus ou moins, il la fait descendre de

l'excellence qu'elle s'est attribuée, et la met
par grâce en parallèle avec les bêtes, sans
lui permettre de sortir de cet ordre jusqu'à
ce qu'elle soit instruite par son Créateur
même de son rang qu'elle ignore ; la mena-
çant, si elle gronde, de la mettre au-dessous
de toutes, ce qui est aussi facile que le contraire, et ne lui donnant pouvoir d'agir cependant que pour remarquer sa faiblesse
avec une humilité sincère, au lieu de s'éle-
ver par une sotte insolence. »

M. de Saci se croyant vivre dans un nouveau pays et entendre une nouvelle langue,
il se disait en lui-même les paroles de saint
Augustin : « O Dieu de vérité ! ceux qui
savent ces subtilités de raisonnement vous
sont-ils pour cela plus agréables ? » Il plai-
gnait ce philosophe qui se piquait et se dé-
chirait lui-même de toutes parts des épines

qu'il se formait, comme saint Augustin dit de lui-même quand il était en cet état. Après une assez longue patience, il dit à M. Pascal :

« Je vous suis obligé, monsieur ; je suis sûr que si j'avais longtemps lu Montaigne, je ne le connaitrais pas autant que je fais depuis cet entretien que je viens d'avoir avec vous. Cet homme devrait souhaiter qu'on ne le connût que par les récits que vous faites de ses écrits ; et il pourrait dire avec saint Augustin : *Ibi me vide, attende.* Je crois assurément que cet homme avait de l'esprit ; mais je ne sais pas si vous ne lui en prêtez pas un peu plus qu'il n'en a, par cet enchainement si juste que vous faites de ses principes. Vous pouvez juger qu'ayant passé ma vie comme j'ai fait, on m'a peu conseillé de lire cet auteur, dont tous les ouvrages n'ont rien de ce que nous devons principalement rechercher dans nos lectures, selon la règle de saint Augustin, parce que ses paroles ne paraissent pas sortir d'un grand fonds d'humilité et de piété. On pardonnerait à ces philosophes d'autrefois, qu'on nommait académiciens, de mettre tout dans le doute. Mais qu'avait besoin Montaigne de s'égayer l'esprit en renouvelant une doctrine qui passe maintenant aux Chrétiens pour une folie ? C'est le jugement que saint Augustin fait de ces personnes. Car on peut dire après lui de Montaigne, à l'égard de la jeunesse : « Il met dans tout ce qu'il dit « la foi à part ; ainsi nous, qui avons la foi, « devons de même mettre à part tout ce qu'il « dit. » Je ne blâme point l'esprit de cet auteur, qui est un grand don de Dieu ; mais il pouvait s'en servir mieux, et en faire plutôt un sacrifice à Dieu qu'au démon. A quoi sert un bien quand on en use si mal ? *Quid proderat*, etc. ? dit de lui-même ce saint docteur avant sa conversion. Vous êtes heureux, monsieur, de vous être élevé au-dessus de ces personnes qu'on appelle des docteurs, plongés dans l'ivresse de la science, mais qui ont le cœur vide de la vérité. Dieu a répandu dans votre cœur d'autres douceurs et d'autres attraits que ceux que vous trouviez dans Montaigne. Il vous a rappelé de ce plaisir dangereux, *a jucunditate pestifera*, dit saint Augustin, qui rend grâces à Dieu de ce qu'il lui a pardonné les péchés qu'il avait commis en goûtant trop les vanités. Saint Augustin est d'autant plus croyable en cela, qu'il était autrefois dans ces sentiments ; et comme vous dites de Montaigne que c'est par ce doute universel qu'il combat

les hérétiques de son temps, ce fut aussi par
ce même doute des académiciens que saint
Augustin quitta l'hérésie des manichéens.
Depuis qu'il fut à Dieu, il renonça à cette
vanité, qu'il appelle sacrilège, et fit ce qu'il
dit de quelques autres. Il reconnut avec
quelle sagesse saint Paul nous avertit de ne
nous pas laisser séduire par ces discours.
Car il avoue qu'il y a en cela un certain
agrément qui enlève : on croit quelquefois
les choses véritables, seulement parce qu'on
les dit éloquemment. Ce sont des viandes
dangereuses, dit-il, mais que l'on sert en de
beaux plats ; mais ces viandes, au lieu de
nourrir le cœur, le vident. On ressemble
alors à des gens qui dorment, et qui croient
manger en dormant : ces viandes imaginaires
les laissent aussi vides qu'ils étaient. »

M. de Saci dit à M. Pascal plusieurs choses

semblables : sur quoi M. Pascal lui dit que, s'il lui faisait compliment de bien posséder Montaigne et de le savoir bien tourner, il pouvait lui dire sans compliment qu'il possédait bien mieux saint Augustin, et qu'il le savait bien mieux tourner, quoique peu avantageusement pour le pauvre Montaigne. Il lui témoigna être extrêmement édifié de la solidité de tout ce qu'il venait de lui représenter ; cependant, étant encore tout plein de son auteur, il ne put se retenir et lui dit :

« Je vous avoue, monsieur, que je ne puis voir sans joie dans cet auteur la superbe raison si invinciblement froissée par ses propres armes, et cette révolte si sanglante de l'homme contre l'homme, qui, de la société avec Dieu où il s'élevait par les maximes de sa faible raison, le précipite dans la nature des bêtes, et j'aurais aimé de tout mon cœur le ministre d'une si grande vengeance, si, étant disciple de l'Église par la foi, il eût suivi les règles de la morale, en portant les hommes, qu'il avait si inutilement humiliés, à ne pas irriter par de nouveaux crimes Celui qui peut seul les tirer de ceux qu'il les a convaincus de ne pouvoir pas seulement connaître.

« Mais il agit, au contraire, de cette sorte, en païen. De ce principe, dit-il, que hors de la foi tout est dans l'incertitude, et considérant combien il y a que l'on cherche le vrai et le bien sans aucun progrès vers la tranquillité, il conclut qu'on en doit laisser le soin aux autres ; et demeurer cependant en repos, coulant légèrement sur les sujets de peur d'y enfoncer en appuyant ; et prendre le vrai et le bien sur la première apparence,

sans les presser, parce qu'ils sont si peu
solides que, quelque peu qu'on serre la main,
ils s'échappent entre les doigts et la laissent
vide. C'est pourquoi il suit le rapport des
sens et les notions communes, parce qu'il
faudrait qu'il se fit violence pour les démen-
tir, et qu'il ne sait s'il gagnerait, ignorant
où est le vrai. Ainsi il fuit la douleur et la
mort, parce que son instinct l'y pousse, et
qu'il n'y veut pas résister par la même raison, mais sans en conclure que ce soient de
véritables maux, ne se fiant pas trop à ces
mouvements naturels de crainte, vu qu'on
en sent d'autres de plaisir qu'on accuse d'être
mauvais, quoique la nature parle au contraire.
Ainsi, il n'a rien d'extravagant dans sa
conduite ; il agit comme les autres hommes ;
et tout ce qu'ils font dans la sotte pensée
qu'ils suivent le vrai bien, il le fait par un

autre principe, qui est que les vraisemblances étant pareillement d'un et d'autre côté, l'exemple et la commodité sont les contre-poids qui l'entraînent.

« Il suit donc les mœurs de son pays parce que la coutume l'emporte : il monte sur son cheval, comme un qui ne serait pas philosophe, parce qu'il le souffre, mais sans croire que ce soit de droit, ne sachant pas si cet animal n'a pas, au contraire, celui de se servir de lui. Il se fait aussi quelque vio-lence pour éviter certains vices ; et même il garde la fidélité au mariage, à cause de la peine qui suit les désordres ; mais si celle qu'il prendrait surpasse celle qu'il évite, il y demeure en repos, la règle de son action étant en tout la commodité et la tranquillité. Il rejette donc bien loin cette vertu stoïque qu'on peint avec une mine sévère, un regard farouche, des cheveux hérissés, le front ridé et en sueur, dans une posture pénible et tendue, loin des hommes dans un morne silence, et seule sur la pointe d'un rocher : fantôme, à ce qu'il dit, capable d'effrayer les enfants, et qui ne fait là autre chose, avec un travail continuel, que de chercher le repos, où elle n'arrive jamais. La sienne est naïve, familière, plaisante, enjouée, et, pour ainsi dire, folâtre : elle suit ce qui la charme, et badine négligemment des accidents bons ou mauvais, couchée mollement dans le sein de l'oisiveté tranquille, d'où elle montre aux hommes, qui cherchent la félicité avec tant de peine, que c'est là seulement où elle repose, et que l'ignorance et l'incuriosité sont deux doux oreillers pour une tête bien faite, comme il dit lui-même.

« Je ne puis pas vous dissimuler, monsieur, qu'en lisant cet auteur et le comparant avec Épictète, j'ai trouvé qu'ils étaient assurément les deux plus grands défenseurs des deux plus célèbres sectes du monde, et les seules conformes à la raison, puisqu'on ne peut suivre qu'une de ces deux routes, savoir : ou qu'il y a un Dieu, et lors il y place son souverain bien ; ou qu'il est incertain. et qu'alors le vrai bien l'est aussi, puisqu'il en est incapable. J'ai pris un plaisir extrême à remarquer dans ces divers raisonnements en quoi les uns et les autres sont arrivés à quelque conformité avec la sagesse véritable qu'ils ont essayé de connaître. Car, s'il est agréable d'observer dans la nature le désir qu'elle a de peindre Dieu dans tous ses ouvrages, où l'on en voit quelque caractère parce qu'ils en sont les images, combien est-il plus juste de considérer dans les pro-

ductions des esprits les efforts qu'ils font
pour imiter la vertu essentielle, même en la
fuyant, et de remarquer en quoi ils y arrivent
et en quoi ils s'en égarent, comme j'ai tâché
de faire dans cette étude !

« Il est vrai, monsieur, que vous venez de
me faire voir admirablement le peu d'utilité
que les chrétiens peuvent retirer de ces études
philosophiques. Je ne laisserai pas, néanmoins, avec votre permission, de vous en
dire encore ma pensée, prêt néanmoins de
renoncer à toutes les lumières qui ne vien-
dront point de vous : en quoi j'aurai l'avantage, ou d'avoir rencontré la vérité par bonheur, ou de la recevoir de vous avec assurance. Il me semble que la source des
erreurs de ces deux sectes est de n'avoir
pas su que l'état de l'homme à présent diffère
de celui de sa création ; de sorte que l'un,

remarquant quelques traces de sa première grandeur, et ignorant sa corruption, a traité la nature comme saine et sans besoin de réparateur, ce qui le mène au comble de la superbe ; au lieu que l'autre, éprouvant la misère présente et ignorant la première dignité, traite la nature comme nécessairement infirme et irréparable, ce qui le précipite dans le désespoir d'arriver à un véritable bien, et de là dans une extrême lâcheté. Ainsi ces deux états qu'il fallait connaître ensemble pour voir toute la vérité, étant connus séparément, conduisent nécessairement à l'un de ces deux vices, l'orgueil et la paresse, où sont infailliblement tous les hommes avant la grâce, puisque, s'ils ne demeurent dans leurs désordres par lâcheté, ils en sortent par vanité, tant il est vrai ce que vous venez de me dire de saint Augus-

tin, et que je trouve d'une grande étendue :...
car en effet on leur rend hommage en bien
des manières.

« C'est donc de ces lumières imparfaites
qu'il arrive que l'un, connaissant le devoir
de l'homme et ignorant son impuissance, se
perd dans la présomption, et que l'autre,
connaissant l'impuissance et non le devoir,
il s'abat dans la lâcheté ; d'où il semble,
puisque l'un est la vérité où l'autre est l'erreur, que l'on formerait en les alliant une
morale parfaite. Mais, au lieu de cette paix,
il ne résulterait de leur assemblage qu'une
guerre et qu'une destruction générale : car l'un
établissant la certitude, l'autre le doute, l'un
la grandeur de l'homme, l'autre sa faiblesse,
ils ruinent la vérité aussi bien que la fausseté
l'un de l'autre. De sorte qu'ils ne peuvent subsister seuls à cause de leurs défauts, ni s'unir à

cause de leurs oppositions, et qu'ainsi ils se brisent et s'anéantissent pour faire place à la vérité de l'Évangile. C'est elle qui accorde les contrariétés par un art tout divin, et, unissant tout ce qui est de vrai et chassant tout ce qui est de faux, elle en fait une sagesse véritablement céleste où s'accordent ces opposés, qui étaient incompatibles dans ces doctrines humaines. Et la raison en est que ces sages du monde placent les contraires dans un même sujet; car l'un attribuait la grandeur à la nature et l'autre la faiblesse à cette même nature, ce qui ne pouvait subsister; au lieu que la foi nous apprend à les mettre en des sujets différents : tout ce qu'il y a d'infirme appartenant à la nature, tout ce qu'il y a de puissant appartenant à la grâce. Voilà l'union étonnante et nouvelle que Dieu seul pouvait enseigner, et que lui

seul pouvait faire, et qui n'est qu'une image
et qu'un effet de l'union ineffable de deux
natures dans la seule personne d'un Homme-
Dieu.

« Je vous demande pardon, monsieur, dit
M. Pascal à M. de Saci, de m'emporter
ainsi devant vous dans la théologie, au lieu
de demeurer dans la philosophie, qui était
seule mon sujet ; mais il m'y a conduit insensiblement ; et il est difficile de n'y pas entrer,
quelque vérité qu'on traite, parce qu'elle est
le centre de toutes les vérités : ce qui parait
ici parfaitement, puisqu'elle enferme si visi-
blement toutes celles qui se trouvent dans
ces opinions. Aussi je ne vois pas comment
aucun d'eux pourrait refuser de la suivre.
Car s'ils sont pleins de la pensée de la grandeur de l'homme, qu'en ont-ils imaginé qui
ne cède aux promesses de l'Évangile, qui ne

sont autre chose que le digne prix de la
mort d'un Dieu ? Et s'ils se plaisent à voir
l'infirmité de la nature, leur idée n'égale plus
celles de la véritable faiblesse du péché, dont
la même mort a été le remède. Ainsi tous y
trouvent plus qu'ils n'ont désiré ; et ce qui
est admirable, ils s'y trouvent unis, eux qui
ne pouvaient s'allier dans un degré infiniment inférieur ! »

M. de Saci ne put s'empêcher de témoi-
gner à M. Pascal qu'il était surpris comment
il savait tourner les choses ; mais il avoua
en même temps que tout le monde n'avait
pas le secret, comme lui, de faire des lectures
des réflexions si sages et si élevées. Il lui dit
qu'il ressemblait à ces médecins habiles qui,
par la manière adroite de préparer les plus
grands poisons, en savent tirer les plus
grands remèdes. Il ajouta que, quoiqu'il

voyait bien, par ce qu'il venait de lui dire, que ces lectures lui étaient utiles, il ne pouvait pas croire néanmoins qu'elles fussent avantageuses à beaucoup de gens dont l'esprit se traînerait un peu, et n'aurait pas assez d'élévation pour lire ces auteurs et en juger, et savoir tirer les perles du milieu du fumier, *aurum ex stercore Tertulliani*, disait un Père. Ce qu'on pouvait bien dire de ces philosophes, dont le fumier, par sa noire fumée, pouvait obscurcir la foi chancelante de ceux qui les lisent. C'est pourquoi il conseillerait toujours à ces personnes de ne pas s'exposer légèrement à ces lectures, de peur de se perdre avec ces philosophes, et de devenir l'objet des démons et la pâture des vers, selon le langage de l'Écriture, comme ces philosophes l'ont été.

« Pour l'utilité de ces lectures, dit M. Pas-

cal, je vous dirai fort simplement ma pensée. Je trouve dans Épictète un art incomparable pour troubler le repos de ceux qui le
cherchent dans les choses extérieures, et
pour les forcer à reconnaitre qu'ils sont de
véritables esclaves et de misérables aveugles ;
qu'il est impossible qu'ils trouvent autre
chose que l'erreur et la douleur qu'ils fuient,
s'ils ne se donnent sans réserve à Dieu seul.
Montaigne est incomparable pour confondre
l'orgueil de ceux qui, hors la foi, se piquent
d'une véritable justice ; pour désabuser ceux
qui s'attachent à leurs opinions, et qui croient
trouver dans les sciences des vérités inébran-
lables ; et pour convaincre si bien la raison
de son peu de lumière et de ses égarements,
qu'il est difficile, quand on fait un bon usage
de ses principes, d'être tenté de trouver des
répugnances dans les mystères : car l'esprit

en est si battu qu'il est bien éloigné de vouloir juger si l'Incarnation ou le mystère de l'Eucharistie sont possibles ; ce que les hommes du commun n'agitent que trop souvent.

« Mais, si Épictète combat la paresse, il mène à l'orgueil, de sorte qu'il peut être très nuisible à ceux qui ne sont pas persuadés de la corruption de la plus parfaite justice qui n'est pas de la foi. Et Montaigne est absolument pernicieux à ceux qui ont quelque pente à l'impiété et aux vices. C'est pourquoi ces lectures doivent être réglées avec beaucoup de soin, de discrétion et d'égard à la condition et aux mœurs de ceux à qui on les conseille. Il me semble seulement qu'en les joignant ensemble elles ne pourraient réussir fort mal, parce que l'une s'oppose au mal de l'autre ; non qu'elles puissent donner la vertu, mais seulement troubler dans les vices : l'âme se trouvant combattue par ces contraires, dont l'un chasse l'orgueil et l'autre la paresse, et ne pouvant reposer dans aucun de ces vices par ses raisonnements ni aussi les fuir tous. »

Ce fut ainsi que ces deux personnes d'un si bel esprit s'accordèrent enfin au sujet de la lecture de ces philosophes, et se rencontrèrent au même terme, où ils arrivèrent néanmoins d'une manière différente : M. de Saci y étant arrivé tout d'un coup par la claire vue du christianisme, et M. Pascal n'y étant arrivé qu'après beaucoup de tours en s'attachant aux principes de ces philosophes.

LE PARI

Infini, Rien. — Notre âme est jetée dans le corps, où elle trouve nombre, temps, dimensions. Elle raisonne là-dessus, et appelle cela nature, nécessité, et ne peut croire autre chose.

L'unité jointe à l'infini ne l'augmente de rien, non plus qu'un pied à une mesure infinie. Le fini s'anéantit en présence de l'infini, et devient un pur néant. Ainsi notre esprit devant Dieu ; ainsi notre justice devant la justice divine. Il n'y a pas si grande disproportion entre notre justice et celle de Dieu, qu'entre l'unité et l'infini. Il faut que la justice de Dieu soit énorme comme sa miséricorde. Or, la justice envers les réprouvés est moins énorme et doit moins choquer que la miséricorde envers les élus.

Nous connaissons qu'il y a un infini, et ignorons sa nature. Comme nous savons qu'il est faux que les nombres soient finis, donc il est vrai qu'il y a un infini en nombre. Mais nous ne savons ce qu'il est : il est faux qu'il soit pair ; il est faux qu'il soit impair ; car, en ajoutant l'unité, il ne change point de nature ; cependant, c'est un nombre et tout nombre est pair ou impair (il est vrai que cela s'entend de tout nombre fini). Ainsi on peut bien connaître qu'il y a un Dieu sans savoir ce qu'il est.

N'y a-t-il point une vérité substantielle,

voyant tant de choses qui ne sont point la
vérité même ?

Nous connaissons donc l'existence et la
nature du fini, parce que nous sommes finis
et étendus comme lui. Nous connaissons
l'existence de l'infini et ignorons sa nature,
parce qu'il a étendue comme nous, mais
non pas des bornes comme nous. Mais nous
ne connaissons ni l'existence ni la nature de
Dieu, parce qu'il n'a ni étendue ni bornes.
Mais par la foi nous connaissons son existence ; par la gloire nous connaîtrons sa
nature. Or, j'ai déjà montré qu'on peut bien
connaître l'existence d'une chose, sans connaître sa nature.

Parlons maintenant selon les lumières
naturelles.

S'il y a un Dieu, il est infiniment incom-
préhensible, puisque, n'ayant ni parties ni

*

bornes, il n'a nul rapport avec nous. Nous sommes donc incapables de connaitre ni ce qu'il est, ni s'il est. Cela étant, qui osera entreprendre de résoudre cette question ? Ce n'est pas nous, qui n'avons aucun rapport à lui.

Qui blâmera donc les chrétiens de ne pouvoir rendre raison de leur créance, eux qui professent une religion dont ils ne peuvent rendre raison ? Ils déclarent, en l'exposant au monde, que c'est une sottise, *stultitiam* ; et puis, vous vous plaignez de ce qu'ils ne la prouvent pas ! S'ils la prouvaient, ils ne tiendraient pas parole : c'est en manquant de preuves qu'ils ne manquent pas de sens. — « Oui ; mais encore que cela excuse ceux qui l'offrent telle, et que cela les ôte de blâme de la produire sans raison, cela n'excuse pas ceux qui la reçoivent. » —

Examinons donc ce point, et disons :
« Dieu est, ou il n'est pas. » Mais de quel
côté pencherons-nous ? La raison n'y peut
rien déterminer : il y a un chaos infini qui
nous sépare. Il se joue un jeu, à l'extrémité
de cette distance infinie, où il arrivera croix
ou pile. Que gagerez-vous ? Par raison,
vous ne pouvez faire ni l'un ni l'autre ; par
raison, vous ne pouvez défendre nul des
deux. Ne blâmez donc pas de fausseté ceux
qui ont pris un choix ; car vous n'en savez
rien. — « Non ; mais je les blâmerai d'avoir
fait, non ce choix, mais un choix ; car,
encore que celui qui prend croix et l'autre
soient en pareille faute, ils sont tous deux
en faute : le juste est de ne point parier. »
— Oui ; mais il faut parier. Cela n'est pas
volontaire : vous êtes embarqué. Lequel
prendrez-vous donc ? Voyons. Puisqu'il

faut choisir, voyons ce qui vous intéresse le moins. Vous avez deux choses à perdre : le vrai et le bien, et deux choses à engager : votre raison et votre volonté, votre connaissance et votre béatitude ; et votre nature a deux choses à fuir : l'erreur et la misère. Votre raison n'est pas plus blessée, en choisissant l'un que l'autre, puisqu'il faut nécessairement choisir. Voilà un point vidé. Mais votre béatitude ? Pesons le gain et la perte, en prenant croix que Dieu est. Estimons ces deux cas : si vous gagnez, vous gagnez tout ; si vous perdez, vous ne perdez rien. Gagez donc qu'il est, sans hésiter. — « Cela est admirable. Oui, il faut gager ; mais je gage peut-être trop. » — Voyons. Puisqu'il y a pareil hasard de gain et de perte, si vous n'aviez qu'à gagner deux vies pour une, vous pourriez encore gager ; mais s'il

y en avait trois à gagner, il faudrait jouer
(puisque vous êtes dans la nécessité de
jouer), et vous seriez imprudent, lorsque
vous êtes forcé à jouer, de ne pas hasarder
votre vie pour en gagner trois à un jeu où
il y a pareil hasard de perte et de gain. Mais
il y a une éternité de vie et de bonheur. Et
cela étant, quand il y aurait une infinité de
hasards dont un seul serait pour vous, vous
auriez encore raison de gager un pour
avoir deux, et vous agiriez de mauvais sens,
étant obligé à jouer, de refuser de jouer une
vie contre trois à un jeu où d'une infinité
de hasards il y en a un pour vous, s'il y
avait une infinité de vie infiniment heureuse
à gagner. Mais il y a ici une infinité de vie
infiniment heureuse à gagner, un hasard de
gain contre un nombre fini de hasards de
perte, et ce que vous jouez est fini. Cela

ôte tout parti : partout où est l'infini, et où il n'y a pas infinité de hasards de perte contre celui de gain, il n'y a point à balancer, il faut tout donner. Et ainsi, quand on est forcé à jouer, il faut renoncer à la raison pour garder la vie, plutôt que de la hasarder pour le gain infini aussi prêt à arriver que la perte du néant.

Car il ne sert de rien de dire qu'il est incertain si on gagnera, et qu'il est certain qu'on hasarde, et que l'infinie distance qui est entre la *certitude* de ce qu'on s'expose, et l'*incertitude* de ce qu'on gagnera, égale le bien fini, qu'on expose certainement, à l'infini, qui est incertain. Cela n'est pas ; aussi tout joueur hasarde avec certitude pour gagner avec incertitude ; et néanmoins il hasarde certainement le fini pour gagner incertainement le fini. sans pécher contre

la raison. Il n'y a pas infinité de distance
entre cette certitude de ce qu'on s'expose
et l'incertitude du gain : cela est faux. Il y
a, à la vérité, infinité entre la certitude de
gagner et la certitude de perdre. Mais l'incertitude de gagner est proportionnée à la
certitude de ce qu'on hasarde, selon la proportion des hasards de gain et de perte. Et
de là vient que, s'il y a autant de hasards
d'un côté que de l'autre, le parti est à jouer
égal contre égal ; et alors la certitude de ce
qu'on s'expose est égale à l'incertitude du
gain : tant s'en faut qu'elle en soit infiniment distante. Et ainsi, notre proposition
est dans une force infinie, quand il y a le
fini à hasarder à un jeu où il y a pareils
hasards de gain que de perte, et l'infini à
gagner. Cela est démonstratif ; et si les
hommes sont capables de quelque vérité,

celle-là l'est. — « Je le confesse, je l'avoue. Mais encore n'y a-t-il point moyen de voir le dessous du jeu ? » — Oui, l'Écriture, et le reste, etc.

— « Oui ; mais j'ai les mains liées et la bouche muette ; on me force à parier, et je ne suis pas en liberté ; on ne me relâche pas, et je suis fait d'une telle sorte que je ne puis croire. Que voulez-vous donc que je fasse ? »

— Il est vrai. Mais apprenez au moins votre impuissance à croire, puisque la raison vous y porte, et que néanmoins vous ne le pouvez. Travaillez donc, non pas à vous convaincre par l'augmentation des preuves de Dieu, mais par la diminution de vos passions. Vous voulez aller à la foi, et vous n'en savez pas le chemin ; vous voulez vous guérir de l'infidélité, et vous en demandez le remède : apprenez de ceux qui ont été liés

comme vous, et qui parient maintenant
tout leur bien ; ce sont gens qui savent
ce chemin que vous voudriez suivre, et
guéris d'un mal dont vous voulez guérir.
Suivez la manière par où ils ont commencé :
c'est en faisant tout comme s'ils croyaient,
en prenant de l'eau bénite, en faisant dire
des messes, etc. Naturellement même cela
vous fera croire et vous abêtira. — « Mais
c'est ce que je crains. » — Et pourquoi ?
qu'avez-vous à perdre ?

Mais pour vous montrer que cela y mène,
c'est que cela diminuera les passions, qui
sont vos grands obstacles.

Fin de ce discours. — Or, quel mal vous
arrivera-t-il en prenant ce parti ? Vous serez
fidèle, honnête, humble, reconnaissant,
bienfaisant, ami sincère, véritable. A la
vérité, vous ne serez point dans les plaisirs

empestés, dans la gloire, dans les délices ;
mais n'en aurez-vous point d'autres ? Je
vous dis que vous y gagnerez en cette vie ;
et qu'à chaque pas que vous ferez dans ce
chemin, vous verrez tant de certitude du
gain, et tant de néant de ce que vous hasar-
dez, que vous reconnaîtrez à la fin que vous
avez parié pour une chose certaine, infinie,
pour laquelle vous n'avez rien donné.

- « Oh ! ce discours me transporte, me
ravit, etc. »

— Si ce discours vous plaît et vous
semble fort, sachez qu'il est fait par un
homme qui s'est mis à genoux auparavant
et après, pour prier cet Être infini et sans
parties, auquel il soumet tout le sien, de se
soumettre aussi le vôtre pour votre propre
bien et pour sa gloire ; et qu'ainsi la force
s'accorde avec cette bassesse.

*
* *

S'il ne fallait rien faire que pour le certain, on ne devrait rien faire pour la religion ; car elle n'est pas certaine. Mais combien de choses fait-on pour l'incertain, les voyages sur mer, les batailles ! Je dis donc qu'il ne faudrait rien faire du tout, car rien n'est certain ; et qu'il y a plus de certitude à la religion, que non pas que nous voyions le jour de demain : car il n'est pas certain que nous voyions demain, mais il est certainement possible que nous ne le voyions pas. On n'en peut pas dire autant de la religion. Il n'est pas certain qu'elle soit ; mais qui osera dire qu'il est certainement possible qu'elle ne soit pas ? Or, quand on travaille

pour demain, et pour l'incertain, on agit
avec raison ; car on doit travailler pour l'incertain, par la règle des partis qui est dé-
montrée.

Saint Augustin a vu qu'on travaille pour
l'incertain, sur mer, en bataille, etc. ; mais
il n'a pas vu la règle des partis, qui démontre
qu'on le doit. Montaigne a vu qu'on s'of-
fense d'un esprit boiteux, et que la coutume
peut tout ; mais il n'a pas vu la raison de
cet effet.

Toutes ces personnes ont vu les effets,
mais ils n'ont pas vu les causes ; ils sont à
l'égard de ceux qui ont découvert les causes
comme ceux qui n'ont que les yeux à l'é-
gard de ceux qui ont l'esprit ; car les effets
sont comme sensibles, et les causes sont
visibles seulement à l'esprit. Et quoique ces
effets-là se voient par l'esprit, cet esprit est

à l'égard de l'esprit qui voit les causes comme les sens corporels à l'égard de l'esprit.

.*. Par les partis, vous devez vous mettre en peine de rechercher la vérité, car si vous mourez sans adorer le vrai principe, vous êtes perdu. — « Mais, dites-vous, s'il avait voulu que je l'adorasse, il m'aurait laissé des signes de sa volonté. » — Aussi a-t-il fait ; mais vous les négligez. Cherchez-les donc ; cela le vaut bien.

.*. *Partis.* — Il faut vivre autrement dans le monde selon ces diverses suppositions : 1º Si on pouvait y être toujours ; 2º s'il est sûr qu'on n'y sera pas longtemps, et incertain si on y sera une heure. Cette dernière supposition est la nôtre.

.*. Que me promettez-vous enfin (car dix

ans, c'est le parti), sinon dix ans d'amour-
propre, à bien essayer de plaire sans y réussir, outre les peines certaines ?

.*. *Objection*. — Ceux qui espèrent leur
salut sont heureux en cela, mais ils ont pour
contrepoids la crainte de l'enfer.

.*. *Réponse*. — Qui a plus de sujet de
craindre l'enfer, ou celui qui est dans l'ignorance s'il y a un enfer, et dans la certitude
de damnation, s'il y en a ; ou celui qui est
dans une certaine persuasion qu'il y a un
enfer, et dans l'espérance d'être sauvé, s'il
est ?

.*. — « J'aurais bientôt quitté les plaisirs,
disent-ils, si j'avais la foi. » — Et moi, je
vous dis : « Vous auriez bientôt la foi, si
vous aviez quitté les plaisirs. » Or, c'est à

vous à commencer. Si je pouvais, je vous
donnerais la foi ; je ne puis le faire, ni partant éprouver la vérité de ce que vous dites.
Mais vous pouvez bien quitter les plaisirs,
et éprouver si ce que je dis est vrai.

.*. *Ordre*. — J'aurais bien plus de peur de
me tromper, et de trouver que la religion
chrétienne soit vraie, que non pas de me
tromper en la croyant vraie.

COLLECTION
DES « PETITES ŒUVRES CLASSIQUES »

Cette édition
du
DISCOURS
SUR LES PASSIONS DE L'AMOUR
suivi
D'OPUSCULES CHOISIS
comprend mille exemplaires
numérotés, savoir :
vingt-cinq exemplaires sur papier impérial du Japon,
marqués de 1 à 25 ;
neuf cent soixante-quinze exemplaires
sur vélin des papeteries de Rives,
marqués de 26 à 1000.

Elle a été achevée d'imprimer
par Protat frères, à Mâcon,
le 17 septembre 1920.

EXEMPLAIRE NUMÉRO :